EN ROUTE VERS LE SUCCÈS

DISTRIBUTION:

- Pour le Canada:
  AGENCE DE DISTRIBUTION POPULAIRE INC.
  955, rue Amherst, Montréal H2L 3K4
  (Tél.: (514) 523-1182)

- Pour la Belgique:
  VANDER, S.A.
  Avenue des Volontaires 321, B-1150 Bruxelles, Belgique
  (Tél.: 02-762-9804)

Dépôts légaux 4e trimestre 1984
Bibliothèque nationale du Québec
Bibliothèque nationale du Canada

Conception graphique de la couverture:
MICHEL BÉRARD

Photocomposition et mise en pages:
HELVETIGRAF, QUÉBEC

ISBN: 2-89225-071-4

ROSAIRE DESROSBY

EN ROUTE VERS LE SUCCÈS

Les éditions Un monde différent ltée
3400, boulevard Losch,
Saint-Hubert, QC
Canada J3Y 5T6

Table des matières

NOTE DE L'AUTEUR 9

PRÉFACE 11

CHAPITRE 1 : LE RÊVE 15
- Rêve 16
- Récompense 18
- Matérialisme 19
- Succès 20
- Échec 21

CHAPITRE 2 : LA FOI 25
- Attitude 26
- Curiosité 28
- Connaissance 28
- Croissance 30
- Adaptation 30
- Amitié 31
- Influence 31
- Peur 32
- Critique 33
- Motivation 34

Promoteur 36
Leadership 37

CHAPITRE 3: L'IMPLICATION 39
Habitudes 40
Discipline 41
Choix 42
Problèmes 43
Défi 44
Visualisation 44

CHAPITRE 4: LES BUTS 47
Buts 47
Plan 50
Priorités 51

CHAPITRE 5: L'ACTION 53
Action 53
Ardeur 54
Enthousiasme 55
Compétition 56

CHAPITRE 6: LA RÉUSSITE 59
Simplicité 59
Maturité 60
Sagesse 60
Liberté 61
Temps 62
Vie 63

PROGRAMME D'AMÉLIORATION
PERSONNELLE 65

INDEX 71

RÉFÉRENCES 73

Note de l'auteur

Ce livre se veut un livre de références pour celui qui veut connaître les principes et les lois qui régissent le succès. Il ne traite pas les sujets en profondeur mais donne une idée de base d'un cheminement à suivre pour trouver la route du succès.

Pour celui qui est déjà initié à ces principes, il sera un aide-mémoire qui lui permettra de référer rapidement à ces principes en cas de besoin.

Comment utiliser ce livre

Si au cours d'une journée, vous avez une situation qui se présente et que vous voulez éviter un mauvais jugement, n'étant pas sûr d'avoir en mémoire le principe qui s'applique à cette situation, ouvrez ce livre et choisissez le mot clé approprié.

En lisant les énoncés, tout ce que vous savez sur le sujet vous remontera en mémoire instantanément.

Si le sujet ne vous est pas familier, procurez-vous un livre qui vous permettra d'approfondir vos connaissances sur le sujet en question.

Préface

Tout être humain a les six besoins fondamentaux suivants:

1. AMOUR
2. SÉCURITÉ
3. EXPRESSION CRÉATRICE
4. RECONNAISSANCE
5. NOUVELLES EXPÉRIENCES
6. ESTIME DE SOI

Tous les talents de l'homme augmentent ou diminuent selon l'usage qu'il en fait. Ce que vous utilisez augmente ou grandit; ce que vous n'utilisez pas diminue et disparaît.

L'homme doit donc travailler à développer les dix qualités les plus importantes qui sont:

1. ATTITUDE
2. COURAGE
3. HABITUDES

4. FOI
5. CLARTÉ DE PENSÉES
6. MAÎTRISE DE SOI
7. JUSTICE
8. FIDÉLITÉ
9. INTÉGRITÉ
10. ESPÉRANCE

St-Exupéry a dit: «Être un homme, c'est SENTIR en posant SA pierre que l'on contribue à bâtir le monde.»

Chaque homme devrait s'efforcer de laisser la pile de bois plus grosse qu'il ne l'a trouvée. Pour y arriver, nous devons faire des efforts, mais si nous apprenons à connaître les principes qui régissent le succès, nous éliminerons beaucoup d'efforts inutiles et nous pourrons cheminer vers la réussite avec plus d'aisance.

Le degré de succès est proportionnel au degré d'attitude.

Le degré d'attitude est proportionnel au degré d'enthousiasme.

Le degré d'enthousiasme est proportionnel au degré de connaissance.

La connaissance, l'enthousiasme et l'attitude représentent le reflet de la personnalité.

La porte qui conduit à la réussite est munie de cinq serrures qui doivent être actionnées dans un ordre bien précis. Tous les hommes qui ont à leur actif de grandes réalisations ont, consciemment ou non, d'abord dû apprendre à connaître et ensuite mettre en mouvement ces cinq clés.

Les cinq clés qui actionnent ces serrures sont, dans l'ordre:

1. LE RÊVE
2. LA FOI (confiance, croyance)
3. L'IMPLICATION
4. LES BUTS
5. L'ACTION

L'aboutissement de ce processus est la RÉUSSITE.

Toute réalisation, qu'elle soit grande ou petite doit passer par ces cinq étapes.

Prenez par exemple le simple fait de monter un escalier: C'est un acte banal, courant, qu'on fait sans y penser, mais il passe par les cinq étapes même si cela se fait inconsciemment.

1. Vous devez d'abord avoir le *désir* de vous retrouver en haut à cause d'un *besoin* de vous rendre quelque part (RÊVE).
2. Vous devez ensuite *croire* que vous êtes capable de vous rendre en haut (FOI).
3. Est-ce que je monte ou est-ce que je reste en bas? J'ai pris la *décision* que j'allais monter (IMPLICATION).
4. De quelle façon vais-je monter l'escalier? Marche par marche ou deux marches à la

fois (BUT, PLANIFICATION, PLAN D'ACTION)?

5. Je dois maintenant passer à *l'action* sinon je ne me retrouverai jamais en haut (ACTION).

Plus le besoin (RÊVE) sera grand, plus vous aurez besoin de foi, plus vous devrez vous impliquer et plus vous devrez planifier vos buts avec précision. L'intensité du besoin (RÊVE) engendrera l'énergie nécessaire pour passer à l'action.

Appliquez-vous à prendre conscience de ces cinq étapes dans tout ce que vous faites et graduellement vous serez amené à accepter mentalement que vous pouvez atteindre tout ce que votre esprit peut imaginer de plus grandiose en suivant ce cheminement.

Chapitre 1

Le rêve

Vous trouverez dans ce chapitre quelques idées se rapportant aux ambitions que vous devez avoir pour réussir car la première chose à faire est de trouver un POURQUOI.

Il se peut, si vous êtes d'un certain âge, que vous ayez enterré vos rêves profondément. À force de travail acharné qui parfois ne mène qu'à une vie routinière on en vient à oublier les grandes ambitions de sa jeunesse.

Certaines personnes n'ont jamais eu de bien grandes ambitions; elles se sont fait dire et répéter, durant leur enfance ou même plus tard, des phrases du genre: «On n'est pas riche, mais on est honnête.» Ce qui peut sonner dans une tête d'enfant: «Ceux qui sont riches sont malhonnêtes.» Ou encore: «Quand on est né pour un petit pain, cela ne sert à rien de penser qu'un jour on possédera la boulangerie.»

Ceux qui répètent ces phrases ne sont pas méchants; ils sont seulement inconscients de l'influence que certaines idées peuvent avoir sur l'avenir de ceux qui les entendent.

Mais rassurez-vous, car peu importe l'âge que vous avez maintenant, vous pouvez, avec un peu de bonne volonté, atteindre les plus hauts sommets.

Une de mes amies répète souvent: « Peu importe le temps que ça prend pour gravir une montagne, l'important c'est qu'arrivé en haut, la vue est la même pour tout le monde. » Elle dit aussi : « Ne prenez pas votre temps, mais donnez-vous le temps de réussir. »

Les cinq mots clés que je veux souligner dans ce chapitre sont :

1. RÊVE
2. RÉCOMPENSE
3. MATÉRIALISME
4. SUCCÈS
5. ÉCHEC

Rêve

L'homme crée le rêve et le rêve crée l'homme.

Celui qui aura ancré dans sa tête un rêve assez fort qu'il en sera devenu un besoin se découvrira un potentiel insoupçonné qui l'habitait mais qui ne s'était pas manifesté, car un rêve qui devient presqu'une obsession pousse à l'action et l'action amène l'épanouissement personnel.

Un rêve est un but sur lequel il n'y a aucune date de fixée. Pour qu'un rêve se transforme en véritable but, nous devons cheminer à coup de petits buts jusqu'à ce que nous soyons capable de concevoir un plan d'action précis qui nous conduira à la réalisation de notre rêve à une date précise.

Il est important d'avoir un rêve très grand car si votre rêve n'est pas assez grand, en face d'un gros problème vous risquez d'abandonner.

Supposons, pour illustrer cet énoncé, que vous ayez décidé de partir de Québec pour aller magasiner à Montréal durant vos deux jours de congé. Vous partez, mais après avoir parcouru une centaine de kilomètres, vous arrivez au cœur d'une tempête; la crevaison que vous faite, ajoutée à la condition de la route et à la mauvaise visibilité fera sûrement déborder le vase. Il y a de fortes chances que vous retourniez chez-vous en vous disant que cela ne valait pas le risque. Mais, supposez la même situation, la même personne et le même obstacle, mais que la raison du voyage soit, par exemple, que vous ayez gagné une grosse somme d'argent et qu'une des conditions pour avoir droit à votre prix soit que vous deviez être présent au banquet qu'on offre à l'occasion d'un événement spécial, faute de quoi, vous perdez votre prix.

Il y a fort à parier que vous serez assis à la table d'honneur lors du banquet car les obstacles se coucheront devant vous, les uns après les autres, le but étant très important pour vous.

Vous devez toujours voir votre rêve par-dessus l'obstacle.

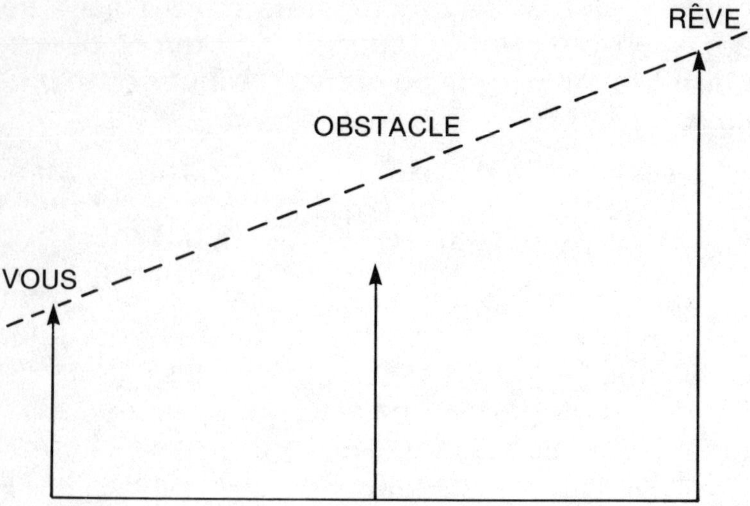

Récompense

C'est ce qui nous permet de nous rendre compte ou de nous souvenir que nous avons atteint un but grâce aux efforts que nous avons fait.

Chaque but que nous nous fixons doit être accompagné d'une récompense. C'est ce qui nous encouragera à poursuivre notre course vers un prochain but car la conscience d'avoir atteint un objectif accroît en nous un sentiment de confiance.

Il y a aussi les récompenses non matérielles; la récompense pour notre développement, par exemple, est la libération en nous d'un potentiel accru de développement.

La plus grande récompense possible est de nous endormir le soir en étant satisfait de ce que nous avons accompli durant la journée et de savoir que nous avons mérité ce repos.

Matérialisme

L'argent est un serviteur, un véhicule qui nous sert à atteindre notre idéal. Sa véritable valeur réside dans l'usage qu'on en fait.

Les biens matériels ne procurent pas une joie durable mais seulement une satisfaction passagère. La joie permanente s'obtient en sentant que nous sommes sur le chemin de la réalisation de soi.

La valeur d'une chose n'est pas déterminée par son prix d'achat, mais bien par la quantité de votre vie qui a été échangée contre cet objet.

Si l'homme se préoccupait plus de ce qu'il est et s'il était moins dominé par ce qu'il a, ses craintes s'évanouiraient.

Si votre avoir est plus grand que votre être, votre avoir vous possède; mais, si votre être a toujours un pas d'avance sur votre avoir, vous possédez votre avoir. La meilleure preuve que l'on puisse apporter devant cet énoncé est une statistique qui dit que: « Un grand nombre de personnes qui gagnent un million à la loterie se retrouvent plus pauvres qu'elles ne l'étaient à l'intérieur de sept ans. »

Les plus grandes richesses qu'un homme doit viser à atteindre sont:

LE COURAGE
LA BIENVEILLANCE
LA VÉRITÉ
LA NOBLESSE
LA BEAUTÉ
LA FACULTÉ DE RIRE
LA GÉNÉROSITÉ
LA DOUCEUR
LA SIMPLICITÉ
L'AMOUR
LE BONHEUR

Toutes ces richesses font partie d'une bonne attitude; c'est l'attitude qui conduit au succès et le succès amène inévitablement, dans le monde où nous vivons, les biens matériels. Il ne faut jamais commencer par la fin car tôt ou tard, nous nous retrouverons au pied d'un mur et nous devrons, si nous voulons avancer, revenir à ce point de départ qui est: travailler à améliorer notre ATTITUDE.

Succès

Chaque homme a sa propre conception de ce que serait pour lui le succès et elle se modifie sans cesse avec le temps.

On peut le définir, de façon générale, comme étant la réalisation progressive d'un but valable qui nous tient à cœur.

Chaque fois qu'on se décourage devant un obstacle qui se présente, c'est qu'on oublie le mot PROGRESSIF de cette définition; on oublie qu'on a des choses à apprendre et qu'on doit se préparer à de grandes réalisations.

Le docteur Robert H. Schuller a dit: «Le secret du succès, c'est de trouver le besoin et de le remplir, de trouver le mal et de le bannir.»

La plus haute forme de succès, c'est de sentir que vous aidez quelqu'un à monter l'échelle, à réussir quelque chose de bien.

Le vrai succès n'est pas, comme le veut la croyance populaire, un acte égoïste; bien au contraire, il faut être constamment tourné vers les besoins des autres.

La clé du succès, c'est de gérer par objectifs.

J'ai lu une phrase récemment dans mes notes personnelles qui s'adressait plus particulièrement aux couples. Elle disait: «Le chemin qui mène au succès est si étroit, que pour y passer, il ne faut faire qu'un.»

Échec

Un échec peut nous faire trébucher ou nous pouvons nous en servir pour aller plus loin; tel un cerf-volant qui se sert du vent, qui est un obstacle, pour voler; tel un voilier qui se sert aussi d'un obstacle pour avancer.

C'est notre façon de réagir devant un échec qui va déterminer le temps que ça prendra pour nous rendre au succès.

Il faut accepter au départ le fait que si vous vous lancez sur le chemin du succès, vous aurez, inévitablement, des échecs.

Les personnes qui ont atteint de hauts sommets sont là simplement parce qu'elles ont eu plus d'échecs que les autres et qu'elles ont su se servir de ces échecs comme expériences pour aller plus haut. On peut trébucher sur une roche, ou on peut s'en servir pour sauter plus haut; à nous d'en décider.

Si vous avez travaillé avec acharnement à un projet et que le tout se solde quand même par un échec, l'échec n'est que partiel car vous avez acquis de l'expérience qui vous servira ailleurs.

Un échec est toujours temporaire; ce n'est qu'un mur à franchir, une route nouvelle à emprunter, un détour qui vous permettra de poursuivre votre but ultime.

À chaque fois que vous avez un échec qui vous fait peur, employez la méthode suivante:

Prenez une feuille de papier, séparez-la en deux d'un trait de crayon et inscrivez-y d'un côté et de l'autre ce qui suit:

Placez ici ce que vous avez perdu:	*Placez ici ce qu'il vous reste:*
TRAVAIL	EXPÉRIENCE
ARGENT	SANTÉ
ETC.	FAMILLE
	AMIS
	CONFIANCE
	ÉQUILIBRE
	ETC.

Vous découvrirez qu'il vous reste toujours beaucoup plus que ce que vous avez perdu.

J'aimerais mieux essayer de faire quelque chose de grand et échouer que d'essayer de ne rien faire et de réussir...

Chapitre 2

La foi

Pour prendre le chemin de la réussite, il faut croire en soi-même; c'est l'une des conditions du succès.

Comme nous le disions plus haut, l'action conduit à l'épanouissement personnel. Il ne faut donc pas attendre d'être bon pour commencer quelque chose mais nous devons y aller avec la FOI et la CONFIANCE que nous pouvons réussir.

Celui qui attend d'être bon pour commencer dira probablement encore dans dix ans: « Je serai bientôt prêt à commencer. » Jusqu'au jour où il dira: « J'aurais dû commencer avant, maintenant il est trop tard. »

Le moment le plus favorable pour commencer, c'est maintenant.

Vous développerez, en cours de route, les ATTITUDES et les APTITUDES qui vous mèneront au succès.

Les douze mots clés que je veux vous suggérer pour ce chapitre sont:

1. ATTITUDE
2. CURIOSITÉ
3. CONNAISSANCE
4. CROISSANCE
5. ADAPTATION
6. AMITIÉ
7. INFLUENCE
8. PEUR
9. CRITIQUE
10. MOTIVATION
11. PROMOTEUR
12. LEADERSHIP

Attitude

L'attitude peut être définie comme étant la façon de voir la vie.

Les épreuves de la vie ne doivent pas nous abattre, mais nous former.

Le bonheur ne dépend pas des choses qui vous entourent, mais de votre attitude face à ce qui vous arrive; que ce soit bon ou mauvais.

Les attitudes mentales sont plus importantes que la capacité mentale.

Si vous désirez posséder une qualité, faites comme si vous l'aviez déjà; j'agis comme si j'étais... et je serai...

«L'homme est le reflet de ses pensées; tel l'homme pense en son cœur, tel il est. L'homme devient ce à quoi il pense le plus souvent.» Un de mes amis racontait pour illustrer à quel point nous encombrons notre esprit de choses inutiles: Un jour, une femme a demandé à son mari, le matin avant son départ pour le bureau, de lui apporter, en revenant, un litre de lait. Toute la journée, l'homme s'est répété en lui-même, il ne faut pas que j'oublie le litre de lait sinon ma femme ne sera pas contente. Comment voulez-vous que cet homme ait pu donner une bonne journée de travail tout en étant concentré sur un litre de lait? Et que pensez-vous que cet homme deviendra si on dit que l'homme devient ce à quoi il pense le plus souvent? Il aurait été si simple de l'écrire sur un bout de papier et de l'oublier jusqu'à son départ du bureau et ainsi avoir l'esprit libre et apte à la productivité.

Le sentiment, l'enthousiasme et l'ardeur sont des facteurs vitaux d'une attitude qui mène au succès.

Seul le cœur peut parler au cœur et c'est le langage du cœur que les hommes veulent entendre; nous ne pouvons faire ressentir aux autres que ce que nous ressentons nous-mêmes.

Quand nous nous présentons à une personne inconnue, nous ne devons jamais oublier que: On n'a jamais une deuxième chance de faire une première bonne impression.

Nous savons tous que la première impression d'une personne est celle qui est susceptible de déterminer son degré de communication avec vous.

On est bien dans sa peau quand le regard est plus beau que les yeux, et que le sourire est plus beau que la bouche.

Curiosité

La curiosité nous pousse à apprendre.

Les plus grandes réalisations sont dues à la curiosité de savoir le comment et le pourquoi des choses.

La curiosité peut être néfaste si elle est dirigée vers des détails sans importance qui ne sont pas essentiels à notre croissance et à la réalisation de nos objectifs.

Connaissance

Rien n'est jamais perdu pour celui qui se prépare constamment pour son travail et sa vie en gardant ses yeux, son esprit et son cœur ouverts à la nature, aux hommes, aux livres et aux expériences.

Les connaissances essentielles sont des vérités indispensables que nous devons posséder pour atteindre un but.

L'une des meilleures façons, et la plus rapide d'acquérir des connaissances, est d'ignorer les choses qui ne valent pas la peine d'être connues.

La vie a sa façon de nous faire apprendre par l'expérience, quand nous refusons d'apprendre autrement.

Vous n'apprenez certaines choses que lorsque vous y êtes prêt; on ne peut placer un morceau sur un casse-tête, avant que ce ne soit son tour.

Ce n'est pas ce que nous savons, mais ce que nous utilisons intelligemment qui compte.

Les règles pour apprendre d'une manière efficace sont:

1. Ayez un but précis
2. Attaquez-vous aux idées essentielles
3. Critiquez à mesure que vous avancez dans vos études. Ajoutez les nouvelles idées qui vous sont transmises à vos propres idées et appliquez le meilleur de votre connaissance et de votre expérience
4. Utilisez les connaissances acquises

Tu ne peux te maîtriser à moins de te connaître.

Tous nos efforts doivent développer en nous:

- La force de caractère
- La confiance en soi
- La maîtrise de soi
- L'indépendance
- Le courage
- Le désir de servir son prochain
- Le consentement aux sacrifices demandés

Qui veut améliorer ce qui l'entoure doit d'abord perfectionner sa nature intime; plus je change, plus le monde change.

Nul ne peut prendre l'argent de celui qui l'a investit dans sa tête.

La connaissance est comme la mémoire ; plus on l'utilise, plus on en a.

Croissance

Quand les choses cessent de croître, elles commencent à mourir.

Votre succès est fonction de votre croissance, en autant que vous deveniez plus SAGE, plus UTILE, plus CONFIANT.

Toute croissance implique un changement.

Tu ne peux pas voyager intérieurement et rester immobile extérieurement.

J'oublie la personne que j'étais ;
J'apprécie la personne que je suis ;
J'envie la personne que je serai.

Adaptation

Chaque fois que vous apprenez quelque chose de nouveau, il vous faut transformer toute la structure de vos connaissances.

Une des conditions du bonheur est une bonne adaptation.

Il n'est pas nécessaire de vous adapter à une mauvaise situation ; adaptez-vous autour d'elle.

Il ne faut jamais compromettre un principe, ni abandonner une vérité essentielle dans le seul but de s'adapter.

L'adaptation est l'art de marcher de pair avec la vie, sans s'opposer à ce qu'on ne peut changer, mais en changeant ce qui peut l'être.

Amitié

Avoir la faculté de se mettre à la place de l'autre est le secret d'une bonne amitié; considérer les choses du point de vue de l'autre.

Pour trouver le chemin du cœur d'un homme, il faut l'entretenir de ce qu'il chérit le plus.

Homme convaincu malgré lui garde toujours le même avis. Dans une discussion, il n'y a jamais de vainqueur. C'est pourquoi, la meilleure façon de triompher dans une querelle est de l'éviter.

Acceptez les autres tel qu'ils sont; n'essayez pas de les réformer.

Une amitié fondée sur une affaire vaut mieux qu'une affaire fondée sur une amitié.

Influence

L'homme est le produit de son environnement: Dis-moi qui tu fréquentes et je te dirai qui tu es.

Il est parfois préférable de ne pas confier aux autres vos ambitions car bien souvent, même les personnes qui vous sont les plus chères, parents, amis, associés, collègues, peuvent sans le vouloir, et en toute innocence, détruire vos rêves. Ils vous diront par exemple: «Qu'est-ce qui te fais croire que tu peux réussir? Ou bien: «Ça ne marchera pas. Ce n'est pas possible, laisse tomber.» Ils sèmeront ainsi le doute dans votre esprit, et le doute mène trop souvent à l'abandon...

Dites à votre copain de travail: «Un jour je serai vice-président de cette compagnie.» Vous le verrez probablement vous amener un tas de raisons, plus logiques les unes que les autres, qui vous amèneront à douter que les efforts en valent la peine. Mais, faites le même énoncé devant le président de la compagnie; il vous regardera droit dans les yeux pour voir si vous êtes sérieux et il se fera un plaisir et un devoir de vous aider à atteindre votre objectif si vous êtes prêt à faire ce qu'il faut.

Dites à votre ami: «Un jour j'aurai une maison qui vaut deux cent mille dollars.» et il y a de fortes chances que celui-ci en doute. Mais faites le même énoncé devant quelqu'un qui possède déjà une maison de ce prix, et il croira que c'est possible.

Choisissez bien vos amis, car les seules personnes qui peuvent vous influencer positivement sont celles qui ont accompli quelque chose; elles savent que le jeu en vaut la chandelle.

L'influence que vous devez le plus surveiller est celle de vos propres pensées.

Peur

La plupart du temps, les plus grandes objections que nous rencontrons sont les nôtres; si nous apprenons à contrôler nos peurs, le chemin de la vie sera moins difficile à parcourir.

Il faut faire attention de ne pas trébucher sur les fleurs du tapis, car souvent, nous nous faisons des peurs avec des riens.

La meilleure façon de se débarrasser de la peur, c'est l'action. Vous entendez, par exemple, du bruit dans la cuisine durant la nuit; vous avez peur. Si vous n'allez pas voir ce que c'est, vous aurez peur toute la nuit. Mais, si vous allez voir et que vous découvrez que c'est le chat qui joue dans les armoires, vous pourrez vous rendormir tranquille car vous connaîtrez la vraie nature de ce bruit.

C'est pourquoi l'homme doit aller au-delà de ses peurs et passer à l'action; car avoir peur une nuit, ce n'est pas si mal, mais avoir peur toute sa vie, cela ne doit pas être drôle.

Critique

Un 'accomplisseur' est inébranlable devant la critique.

Les monuments sont érigés à la mémoire de ceux qui se sont fait critiquer et non à la mémoire de ceux qui ont critiqué.

La seule critique qui a une certaine valeur est celle qui incite la personne visée à s'améliorer; c'est ce qu'on appelle la critique constructive. C'est quand même un petit jeu dangereux et nous devons toujours faire attention de ne pas dépasser la capacité d'encaissement d'un individu car si elle est dépassée, celle-ci produira une réaction négative, même si elle est formulée de la façon la plus constructive possible. Il est donc préférable, autant que possible, de l'éviter.

En un mot, la meilleure façon de faire comprendre quelque chose à quelqu'un n'est pas de critiquer ce qu'il a fait, mais bien de prêcher par l'exemple pour ensuite l'inciter à voir les résultats positifs. CE QUE TU FAIS CRIE SI FORT, QUE JE N'ENTENDS PAS CE QUE TU DIS.

Vous rencontrerez toujours des personnes qui vous critiqueront, peu importe que vous fassiez quelque chose de bien ou de mal.

Plus le singe grimpe dans l'arbre, plus il s'expose le derrière. Plus vous avez du succès, plus vous êtes exposé aux critiques.

C'est pourquoi les grands hommes n'en font aucun cas, ils prennent cela comme étant une preuve de plus qu'ils ont du succès.

Motivation

Newton a dit: « Rien ne bouge s'il n'a pas une force motrice. » Nous nous battons aussi contre la force de l'inertie.

La plus grande force impulsive dans la vie devrait être la motivation et le désir de remplir sa destinée et de se réaliser soi-même.

Dans la plupart des cas, une grande motivation est plus apte à produire que le talent.

Une bonne forme de motivation personnelle est la promesse d'une récompense lorsque vous aurez atteint un but. Cette récompense vous prouvera, matériellement, que vous avez progressé et vous encouragera à foncer vers le prochain but qui sera accompagné d'une autre récompense.

Il est cent fois plus facile de continuer le mouvement que de faire l'effort initial. Prenez, par exemple, un avion: Pour réussir à le faire s'envoler, on doit ouvrir les moteurs; mais quand il a atteint son altitude de croisière, il n'a plus besoin de toute la puissance; seulement une partie de celle-ci sera nécessaire pour le maintenir en vol. Il en sera de même pour vos projets, si vous ouvrez les moteurs dès le départ.

Pour arriver à motiver les autres, les chefs de file utilisent une technique appelée détente qui signifie: Mettre fin aux rapports tendus.

Une goutte de miel attrape plus de mouches qu'une pinte de fiel.

Efforçons-nous d'adapter l'appât au goût du poisson. Suscitez le goût de faire ce qui est proposé.

Motiver les gens, c'est les rassurer.

Si vous voulez récolter du miel, ne bousculez pas la ruche. Au lieu de commander les gens, essayons de les comprendre. Essayons de découvrir le mobile de leurs actions. Voilà qui est plus profitable et plus agréable que de critiquer, et c'est ce qui nous rend tolérant, compréhensif et bon. Tout savoir, c'est tout pardonner.

On ne peut pas motiver quelqu'un, on ne peut que l'aider à se trouver quelque chose qui le motivera.

Il n'y a pas de perdants; il n'y a que des personnes qui ne sont pas motivées à faire quelque chose.

Promoteur

Il y a, à l'intérieur de ce mot, le mot MOTEUR. C'est donc celui qui transmet la force; qui donne la première impulsion.

C'est un art qui suppose d'abord de la conviction.

Vous voulez amener quelqu'un à faire quelque chose? Montrez-lui d'abord le gros gâteau (aboutissement) et ensuite, coupez-le en morceaux (plan d'action).

Promouvoir graduellement de petites choses tout en s'assurant que le grand but n'est pas perdu de vue. Éviter de faire peur; respecter la capacité d'encaissement.

Par exemple: Vous sentez qu'il serait bon qu'un de vos amis, collègue ou employé, fasse la lecture de livres traîtant de l'enthousiasme; amenez-le à vous dire, par exemple, qu'il aimerait bien avoir autant d'enthousiasme que vous et vous pourrez lui dire que vous avez pu l'acquérir grâce à la lecture de livres traîtant du sujet et que s'il est intéressé à voir un livre qui en parle, vous pouvez lui recommander un livre en particulier qui serait parfait pour lui. Vous pourriez même lui citer un passage particulièrement intéressant que vous avez remarqué et qui se prêterait bien à la promotion de ce livre pour ce type de personne selon sa capacité d'encaissement.

Leadership

Un leader est une personne qui a un but précis, une conviction, un idéal, et qui réussit à communiquer son enthousiasme aux autres pour qu'ils le suivent dans la cause qu'il défend... Personne ne veut prendre un train qui ne va nulle part.

Un leader est un donneur: il donne tout ce qu'il peut en enthousiasme, en inspiration, en amour et en toutes ces choses qui vous reviennent comme un boomerang si vous les lancez sans rien attendre en retour.

Un leader est un promoteur d'idées.

Un leader est un meneur et non un suiveur.

Il est docile face à l'enseignement et à la direction à suivre pour avancer, mais il est agressif face à la détermination de réussir.

Mais la plus grande qualité d'un leader, c'est que c'est un serveur; il prend soin des autres.

Chapitre 3

L'implication

La prochaine chose à faire, c'est de s'impliquer à un tel point que cela soit plus difficile de rebrousser chemin que de continuer votre route vers le succès. C'est ce qu'on appelle couler les bateaux, ou encore brûler les ponts derrière soi.

Dites à des personnes qui ont du succès que vous avez décidé d'avoir du succès; ces personnes ne vous détruiront jamais. Si un jour vous êtes tenté d'abandonner, en pensant à ce que vous leur avez dit, cela vous aidera à continuer; car tout homme digne de ce nom tient à respecter sa parole.

Impliquez-vous face à des gens qui seront heureux de recevoir votre aide; en cas de difficultés, vous hésiterez avant de les abandonner. Le capitaine est toujours le dernier à quitter le navire en cas de naufrage.

Impliquez-vous dans un programme d'amélioration personnelle.

Vous trouverez dans ce chapitre six mots clés qui vous guideront.

1. HABITUDE
2. DISCIPLINE
3. CHOIX
4. PROBLÈMES
5. DÉFI
6. VISUALISATION

Habitudes

L'homme est un ensemble d'habitudes; 98% de nos actions sont faites par habitude, spontanément.

L'homme forme des habitudes graduellement, ses habitudes forment son avenir.

Une habitude s'acquiert à petites doses; prenez un enfant de quatre ans qui essaie de faire une boucle à son soulier; il se concentre, recommence, et enfin arrive à la faire assez bien. Un adulte peut le faire sans même regarder car il a l'habitude. Un fumeur n'a pas commencé par fumer un paquet de cigarettes; une bouffée de temps en temps, une cigarette de temps en temps, jusqu'au jour où il porte sur lui son paquet de cigarettes et en allume une sans même y penser.

Les chaînes de l'habitude sont en général trop fines pour être senties, jusqu'au jour où elles sont trop fortes pour être brisées.

La force de l'habitude est irrésistible au point de nous faire agir spontanément, comme le font nos instincts naturels.

Si nous ne prenons pas délibérément de bonnes habitudes, nous en prendrons inconsciemment de mauvaises.

Une habitude se prend, ou se perd, graduellement en y pensant régulièrement.

Le meilleur moyen de se défaire d'une mauvaise habitude, c'est d'en cultiver une bonne.

Les bonnes habitudes sont les meilleures amies de l'homme; même lorsqu'il n'y pense pas, elles continuent à le soutenir.

Voici dix habitudes dominantes qui conduisent au succès:

1. Habitude de la foi (disposition mentale positive)
2. Habitude de la recherche
3. Habitude de la détermination
4. Habitude de la planification
5. Habitude de l'économie
6. Habitude de l'étude
7. Habitude de l'enthousiasme
8. Habitude de l'application
9. Habitude de la sincérité
10. Habitude de la croissance

Discipline

Un de mes amis, qui est conscient de l'importance d'une bonne forme physique, a dit un jour, pour résumer comment il arrive à se discipliner à faire de la course à pied régulièrement: «Je n'aime pas courir, mais je suis toujours content d'avoir couru.» Il garde en tête, en se répétant cette phrase, que l'important, ce n'est pas nécessairement ce qu'il aime mais bien l'objectif visé par l'action qu'il pose.

La discipline porte toujours sa récompense; elle procure une joie intérieure, silencieuse et inexprimable, qui domine toute la vie.

En faisant des efforts, minimes mais constants, on doit s'entraîner soi-même à dominer sa nervosité, sa paresse, sa fatigue et sa souffrance.

La puissance ne s'acquiert que par la discipline.

La discipline est l'outil qui forge le succès.

Choix

Souvent, nous devons choisir entre le bien et le mieux.

Nous ne pouvons avoir le monde entier, pas plus que l'enfant ne peut acheter tous les bonbons du magasin avec la seule pièce de monnaie qu'il possède.

Notre avenir dépend des choix que nous faisons maintenant.

La plus grande liberté que l'homme puisse avoir est de choisir ses amis, ses joies, son succès, etc. Si nous choisissons d'avoir du succès, nous devons laisser tomber la vie facile. Les deux situations sont à l'opposé l'une de l'autre.

Si vous choisissez la voie qui mène au succès, il se peut que certains de vos amis ne vous suivent pas ; ils ont droit à leurs choix eux aussi et vous ne devez pas regretter qu'ils aient choisi une autre direction. Continuez de les aimer, respectez leur choix, et poursuivez votre route car votre destinée vous appartient.

Problèmes

Afin de résoudre un problème, on doit d'abord l'identifier avec le plus de précision possible et ensuite se tourner vers les solutions éventuelles.

Tout problème contient en lui-même le germe de sa propre solution.

Tout problème est une occasion potentielle si votre pensée est axée sur les possibilités. Voyez chaque problème comme un projet car le projet suscite l'enthousiasme et l'enthousiasme provoque la réussite.

La lutte est l'essence même de la vie. Elle nous rend plus forts; trop de facilité nous affaiblit. L'adversité engendre l'aptitude à la surmonter.

Le docteur Robert Schuller a dit : « Si vous avez un problème impossible à surmonter, écrivez les chiffres de un à dix sur une feuille de papier et inscrivez-y dix solutions qui vous viennent à l'esprit même si à première vue, elles vous semblent impossibles ou même un peu farfelues ou idiotes.

Vous aurez ainsi libéré votre esprit pour laisser place à la créativité. En faisant l'analyse sérieuse des dix solutions que vous avez inscrites, les chances sont telles que vous aurez sûrement trouvé une solution à votre problème avant même de vous rendre au numéro dix.»

Défi

C'est en jetant un défi que l'on éperonne un homme de cœur.

Fixez-vous des buts qui soient des défis; mais attention, vous devez vous surpasser et non vous anéantir.

Les défis sont l'assaisonnement d'une vie bien remplie.

Un échec est un défi à votre capacité de réussir; vous devez le relever car vous avez droit au succès vous aussi.

Visualisation

Pour continuer sa marche à travers les obstacles, la fatigue et le découragement, pour garder le moral, cela demande constamment de se souvenir de ce vers quoi on se dirige. Le problème se pose lorsque, préoccupés par les obstacles que nous rencontrons, nous oublions notre but ultime.

Quand nous gardons nos buts dans notre tête, nous avons tendance à en faire des soucis plutôt que des réalisations. C'est pourquoi il est préférable de les écrire et de les placer à un endroit où nous pouvons les voir tous les jours afin qu'ils s'ancrent profondément dans notre subconscient. Ils en ressortiront renforcis et notre subconscient nous indiquera la route à suivre pour arriver à les réaliser.

Visualisation s'apparente au mot voir. La publicité se sert beaucoup de ce principe; elle nous montre une image qui frappe notre esprit et à force de répétition, nous en venons à nous convaincre nous-mêmes que nous en avons besoin. Nous devrions faire nos propres réclames publicitaires en nous servant de nos buts et nos rêves.

Chapitre 4

Les buts

Si vous ne planifiez pas votre succès, vous planifiez votre échec.

C'est une phrase que j'ai sous les yeux constamment et elle me rappelle de toujours avoir devant moi des buts que je dois soupeser, analyser, et que je dois concevoir un plan d'action qui me guidera dans mon cheminement.

Se fixer des buts est un art et les trois mots clés les plus importants qui se rapportent à cet art sont :

1. BUT
2. PLAN
3. PRIORITÉS

Buts

Nous pouvons considérer nos buts comme étant une boussole qui nous sert à orienter notre vie.

La réalisation d'un but est déterminée par l'intensité du désir, une inébranlable conviction de pouvoir réussir et la conscience d'atteindre un but.

Un de mes amis dit souvent: « Si vous ne visez RIEN, vous n'atteindrez jamais RIEN. »

Il est préférable d'attraper un torticoli en visant trop haut, que de devenir bossu en visant trop bas.

Soyez précis en écrivant vos buts. Des buts vagues engendrent des réalisations vagues.

Les buts réalistes sont ceux que vous pouvez accepter mentalement tandis que ceux qui ne le sont pas sont ceux avec lesquels vous ne pouvez vous identifier: Tout ce que ton esprit peut CONCEVOIR et CROIRE, tu peux l'atteindre.

Nous devons nous fixer des buts auxquels nous croyons et non en lesquels nous espérons.

Un but que nous avons planifié ne se change pas; nous pouvons changer l'échéance de notre but, le plan d'action qui nous y conduira, mais le but doit être coulé dans le ciment.

Soyez certain que vous assumez tout ce qui peut découler du but fixé.

Exemple: Êtes-vous prêt à renoncer à votre rente d'invalidité lorsque vous recouvrerez la santé? Ou: Êtes-vous prêt à laisser de côté temporairement votre loisir préféré pour vous consacrer à un projet qui est susceptible de vous amener éventuellement à plus de liberté afin de pouvoir jouir plus de la vie?

Nous devons nous fixer des buts à court, moyen et long terme. Au fur et à mesure que nous réalisons nos buts à court terme, nous nous rapprochons de nos buts à moyen terme, si bien que éventuellement, nos buts à moyen terme deviendront nos buts à court terme et nos buts à long terme ceux à moyen terme.

Arrivés à ce stade, la pire erreur à faire serait d'oublier de nous trouver un nouveau but à long terme qui suit la même direction car c'est ce dernier qui nous supporte le plus durant les moments difficiles.

BUT À COURT TERME:	Qu'est-ce que je veux accomplir d'ici un an?
BUT À MOYEN TERME:	Qu'est-ce que je veux accomplir d'ici cinq ans?
BUT À LONG TERME:	Qu'est-ce que je veux accomplir d'ici dix ans?

Il ne faut pas oublier non plus ceux que l'on pourrait qualifier de MINI-BUTS qui sont ceux que nous devons nous fixer de jour en jour et qui nous permettront de progresser lentement en portant notre attention sur les priorités.

Plan

Un plan est une route à suivre. Si vous voulez tracer un plan, vous devez d'abord connaître deux choses : votre point de départ et votre destination.

Vous êtes perdu dans une ville et vous appelez votre ami chez qui vous devez vous rendre ; la première chose qu'il vous demandera c'est : « Où es-tu ? » Il connaît votre destination, mais il ne peut vous indiquer la route à suivre s'il ne connaît pas votre point de départ.

Vous voulez suivre un programme d'amélioration personnelle. Vous vous fixez d'abord un idéal à atteindre ; vous identifiez ensuite vos forces et vos faiblesses afin de pouvoir vous tracer un programme qui suivra une progression logique susceptible de vous amener au but visé. Vous ne pouvez pas savoir par où commencer à moins d'avoir identifié ce sur quoi vous devez le plus travailler.

Vos buts doivent être établis en tenant compte des possibilités qui vous sont offertes. Vous ne pouvez vous fixer de devenir millionnaire dans un an si vous êtes sans emploi et sans le sous. Vous devrez suivre une progression logique dont le point de départ est évidemment de vous trouver une source de revenu et ensuite faire fructifier votre capital dans un investissement quelconque. Le succès n'est pas de l'instantané ; il doit être planifié.

Un architecte qui veut qu'un édifice soit bien fait commence par imaginer un concept global pour ensuite préciser les détails un à un afin de ne rien laisser au hasard. Le contracteur, pour sa part, suivra les plans, en commençant par les fondations, et, suivant un ordre donné, cheminera progressivement ses travaux jusqu'à la finition complète de l'ouvrage. Vous devez faire la même chose. Trouvez votre grand rêve et ensuite, planifiez les étapes à franchir qui vous conduiront à votre rêve puis, précisez chaque étape afin de ne rien laisser au hasard où à la chance, car le hasard et la chance sont deux facteurs qui peuvent tout aussi bien travailler pour ou contre vous, selon les circonstances; alors, ne vous y fiez pas.

Comme le contracteur, débutez en établissant une fondation solide. La planification est le meilleur moyen d'éviter les problèmes. Plus vous serez capable de planifier avec précision, plus le travail sera facile.

Priorités

Il est important de vous concentrer sur un but. Ce sur quoi vous concentrez votre attention deviendra réalité.

Vous ne pouvez voyager dans deux directions à la fois.

Une excellente façon d'établir vos priorités est de noter chaque jour les six choses les plus importantes que vous ayez à faire ce jour-là, puis de les numéroter par ordre d'importance. Travaillez chaque but jusqu'à ce qu'il soit réalisé et rayez le quand il est atteint.

Les priorités doivent viser avant tout à satisfaire les besoins essentiels dont les principaux sont:

1. LA NOURRITURE
2. L'HABILLEMENT
3. L'ABRI
4. L'AMOUR (sentiment d'appartenance)
5. LE TRAVAIL (ou une certaine forme d'accomplissement)

Après avoir comblé ces besoins essentiels, vous pouvez courir vers vos rêves tout en étant bien sûr de ne pas négliger un seul de vos besoins essentiels car il faut toujours les garder en bon équilibre.

Chapitre 5

L'action

Vous aurez beau avoir le rêve, la foi, l'implication et les buts, rien ne se produira sans que vous ne passiez à l'action. C'est dans l'action que nous pouvons atteindre nos buts et nos rêves. C'est aussi dans l'action que nous pouvons prendre confiance.

L'action est la mère de toute réalisation.

Les quatre mots clés de ce chapitre sont :

1. ACTION
2. ARDEUR
3. ENTHOUSIASME
4. COMPÉTITION

Action

L'action est la semence de la vie et comme l'affirme le dicton : « Qui sème le vent, récolte la tempête. » La récolte est toujours de même nature que la semence.

Quoi qu'il nous arrive de bon ou de mauvais, c'est généralement l'ampleur de nos actions, ou de notre inaction qui en confirmera l'issue.

À toute action résulte une réaction égale.

Le moment d'agir ne sera jamais complètement favorable. Celui qui attend avant de commencer que les circonstances soient idéales est comme le conducteur d'une voiture au bout d'une grande artère qui attend que tous les feux de circulation soient au vert avant de démarrer; il a de fortes chances de mourir sur place avant que cela n'arrive. Si vous partez immédiatement, vous rencontrerez sûrement des feux rouges (défis), des détours à faire à cause d'une réparation, (situation économique mauvaise, erreur due à un manque d'expérience, ou autre) mais au moins, vous aurez avancé et vous serez plus près de votre objectif.

Le résultat obtenu prouve toujours la validité de la méthode. On peut avoir les bonnes idées, mais utiliser la mauvaise méthode et, conséquemment, ne pas réussir à atteindre l'objectif.

La méthode c'est l'action planifiée; c'est l'art d'obtenir le maximum de résultats avec le minimum d'efforts.

Ardeur

«Peu importe la quantité ou la qualité de ce avec quoi tu travailles, cela ne suffira pas si la couche que tu poses est trop mince.»

J'ai lu cette phrase dans un livre et j'ai alors compris pourquoi tant de gens n'arrivent pas à de grandes réalisations; ils tournent en rond, sans rien attaquer de front avec ardeur et consistance.

Nous devons pratiquer l'attaque massive pour produire une réaction active. Exemple: Il y a une personne de deux cent cinquante kilos sur une balançoire et vous voulez la faire balancer; vous devez y mettre toute votre énergie pour la faire bouger mais le mouvement étant commencé, la réaction active vous aidera progressivement jusqu'à ce que vous n'ayez plus aucun effort à faire pour que le mouvement continue; une petite poussée de temps en temps suffira à maintenir le mouvement. Il en est de même pour un projet que vous avez en tête.

Plus vous y mettrez d'énergie au départ, plus vos chances de réussir sont grandes et moins vous rencontrerez de résistance.

Le problème, bien souvent, c'est que lorsqu'on entreprend quelque chose, on commence lentement parce qu'on n'est pas sûr de l'arrivée; il en résulte un manque d'enthousiasme et c'est l'enthousiasme qui maintient l'intérêt. C'est là, à mon avis, la principale raison pour laquelle on voit si souvent des personnes entreprendre quelque chose et abandonner avant d'avoir atteint l'objectif final.

Enthousiasme

L'enthousiasme est le sel de la vie. Soyez convaincu et vous serez convaincant.

Quoi que vous entrepreniez, faites-le avec cœur. Mettez-y du vôtre. Jean-Marc Chaput le dit en ces mots lors de ses conférences: « Mets-y du cœur. »

On n'a jamais rien fait d'important sans enthousiasme.

L'apathie ne peut être vaincue que par l'enthousiasme et l'enthousiasme ne peut surgir que de deux choses: D'abord un idéal qui enflamme l'imagination, ensuite un plan précis et intelligent pour mettre cet idéal en pratique. L'élément qui ranime constamment l'enthousiasme est un but auquel on ne peut résister, un objectif fascinant, un dessein dévorant qui vous domine, vous motive et ne vous lâche pas.

Fixez-vous un but à atteindre, puis construisez sous ce but le feu de l'anticipation et activez-le; vous acquerrez bientôt l'enthousiasme et ne le perdrez jamais. Ce but vous appelera sans cesse en vous disant: « Viens me chercher. »

Il faut quand-même faire une différence entre enthousiaste et énervé. Enthousiaste signifie enthousiasmant, tandis que énervé peut devenir, à la longue, énervant.

Les yeux et le sourire peuvent transmettre autant d'enthousiasme que les actions car les yeux sont le miroir de l'âme et le sourire, le reflet de notre attitude.

Compétition

Les personnes qui réussissent ne connaissent que la compétition avec elles-mêmes; les personnes qui ne font qu'échouer font concurrence aux autres.

Le grand danger, quand on est en compétition avec les autres, c'est qu'on risque de se faire prendre dans un environnement «pas pire» et d'en arriver à se contenter de ce qu'on a sous prétexte qu'on n'est «pas pire» que son voisin et même aller jusqu'à dire qu'il y en a de pires que soi.

Ce petit exercice nous empêche infailliblement de développer et de réaliser notre plein potentiel.

Chapitre 6

La réussite

Les six mots clés qui suivent donnent une idée de ce que doit être une vie réussie car il y a une différence entre réussir dans la vie et réussir sa vie.

Ces six mots sont:

1. SIMPLICITÉ
2. MATURITÉ
3. SAGESSE
4. LIBERTÉ
5. TEMPS
6. VIE

Simplicité

La simplicité consiste à vivre sans s'embarrasser de bagages superflus.

Le vrai bonheur provient en grande partie d'une attitude mentale faite de:

1. Contentement: La satisfaction du devoir accompli.

2. Confiance: Celle que l'on acquiert dans l'action.
3. Sérénité: Le calme, la paix, le bonheur, la tranquillité d'esprit.
4. Bienfaisance: Axée sur le bonheur des autres.

Si vous vous croyez trop grand pour faire de petites choses, vous ne serez jamais assez grand pour en faire de grandes.

Maturité

Lorsque ce que nous faisons ne vise que notre propre satisfaction, et non pas à prouver qu'on est meilleur qu'un autre, c'est que nous avons acquis un certain degré de maturité.

Nous rencontrons, bien souvent, des personnes qui disent, soit par leurs actions ou autrement: « Mon auto est plus belle que la tienne. » ou « Mes fleurs sont plus belles que les tiennes. » Ce qui est tout aussi enfantin que de dire: « Mon père est plus fort que le tien. »

Sagesse

C'est savoir comment utiliser:

1. La connaissance
2. Le bon jugement
3. L'action

Le bon jugement commence avec les difficultés qui nous forcent à PENSER, à nous SOUVE-

NIR, à PROJETER, à formuler une HYPOTHÈSE, à faire l'ESSAI d'une SUPPOSITION, à faire l'EXPÉRIENCE d'une chose, à OBSERVER les RÉSULTATS pour se former une OPINION et enfin arriver à une CONCLUSION.

Le bon jugement est le produit de vos opérations mentales; si ces opérations sont logiques, votre jugement sera juste.

Le jugement peut être stérile s'il n'est pas accompagné de l'action.

Liberté

On commence par aimer ce que l'on fait et on finit par faire ce que l'on aime.

« Faites aujourd'hui les choses que les gens ne veulent pas faire et vous ferez demain les choses que les autres ne pourront pas faire. » (Robert H. Schuller)

La liberté est un choix, pas une conséquence.

La liberté de l'homme n'est pas celle qui s'applique aux conditions, mais plutôt la liberté de prendre une décision sur toutes les conditions auxquelles il doit faire face; c'est ce qu'on appelle: « Liberté de choix ».

Il y a deux sortes de liberté; *la fausse,* qui veut qu'un homme soit libre de faire ce qui lui plaît, et *la vraie,* qui veut qu'un homme soit libre de faire ce qu'il doit faire.

La liberté, c'est de se lever à l'heure qu'on veut, même si c'est très tôt, parce qu'on l'a décidé.

Temps

Le temps est un cadeau de Dieu ; ce que nous en faisons est notre cadeau à Dieu.

Une des choses les plus justes sur cette terre est que tous les hommes ont à leur disposition les mêmes vingt-quatre heures dans une journée; c'est la façon d'utiliser ce temps qui fera la différence entre le succès et l'échec. Celui qui prend le temps de planifier sa journée et qui concentre ses pensées à équilibrer sa vie est sur le chemin de la réussite. Celui qui regarde passer le temps et qui ne l'utilise pas au maximum, vivra une vie de frustrations et de déceptions. Celui qui passe son temps à tuer le temps, verra tôt ou tard le temps s'acharner à le tuer.

Le temps ne passe pas; c'est nous qui passons. Le temps restera toujours le temps.

Le temps à notre disposition étant limité, nous ne pouvons être ou faire tout ce que nous voulons. Nous devons constamment décider à qui ou à quoi nous allons consacrer notre temps.

Toute chose exige que l'on y mette du temps et nos choix décident de notre destinée.

Ne soyez pas dupes du calendrier; l'année ne contient que le nombre de jours dont vous aurez profité pleinement.

Il ne faut jamais être trop pressé pour s'arrêter et jouir des douceurs de la vie, mais, il ne faut jamais oublier l'importance inestimable d'un seul instant.

Le temps nous appartient; nous en faisons ce que nous décidons mais si nous ne le décidons pas, les circonstances se chargeront de décider à notre place.

Vie

La vie est rationnée; vous feriez bien de commencer à vivre dès maintenant.

La vie est comme l'eau d'une rivière qui coule devant nos yeux: l'eau qui passe ne reviendra plus jamais. Si je voulais faire quelque chose aujourd'hui et que je ne l'ai pas fait, il est trop tard.

La vie travaillera avec vous, dans la mesure où vous travaillerez avec elle.

Je ne passerai pas deux fois par le chemin de la vie. Donc, tout le bien ou tout le plaisir que je puis apporter à mes semblables, c'est maintenant que je dois le faire. Que rien ne me fasse négliger ou retarder ce devoir, car l'occasion ne se reproduira pas. La vie c'est un banquet mais nous devons nous servir nous-mêmes.

Nous sommes si occupés à gagner notre vie que nous oublions de vivre. Et comme le dit la chanson: « On perd sa vie à la gagner. »

L'homme peut vivre une vie plus simple, plus libre et plus heureuse s'il n'est pas immobilisé par un surcroît de possessions.

Une belle vie en est une d'AMOUR, de JOIES, d'UTILITÉ, une vie IDÉALISTE, PROFITABLE et BÉNÉFIQUE.

Il n'est rien au monde que l'homme ne désire conserver plus que sa vie; et rien à quoi il prête si peu d'attention.

Croître en grandeur et en profondeur avec les années, vaincre les difficultés, sentir toutes ses facultés s'épanouir et la vérité pénétrer dans son âme... Voilà ce qui rend la vie digne d'être vécue.

La qualité de la vie est plus importante que la vie elle-même.

EN CONCLUSION, vivez le mieux possible, pensez à ce qu'il y a de mieux et faites de votre mieux aujourd'hui: Aujourd'hui sera bientôt demain, et demain sera bientôt pour toujours.

Lorsque le grand marqueur viendra inscrire vos points, il n'indiquera pas si vous avez gagné ou perdu, mais de quelle façon vous avez joué le jeu.

Programme d'amélioration personnelle

Ces quelques questions vous aideront à identifier vos points forts et vos points faibles.

Afin de pouvoir vérifier ultérieurement si vous avez progressé, répondez aux questions par le chiffre approprié:

TRÈS BON : 3 points
BON : 2 points
À SURVEILLER : 1 point

POINTS:

_____ 1. Est-ce que je reçois tout l'amour dont j'ai besoin?

_____ 2. Est-ce que je donne tout l'amour que je possède à ceux que je côtoie?

_____ 3. Ce que je fais est-il reconnu à sa juste valeur?

______ 4. Est-ce que je m'empresse de toujours reconnaître ce que les autres font?

______ 5. Est-ce que mon travail ou un de mes loisirs comble mon besoin d'expression créatrice?

______ 6. Est-ce que je recherche constamment de nouvelles expériences enrichissantes?

______ 7. Est-ce que je m'estime à ma juste valeur (image personnelle)?

______ 8. Ai-je confiance en la nature humaine?

______ 9. Ai-je confiance en moi-même?

______ 10. Suis-je toujours à la recherche de nouvelles connaissances?

______ 11. Ai-je l'habitude de planifier avant d'agir?

______ 12. Ai-je l'habitude d'économiser?

______ 13. Ai-je l'habitude d'étudier afin de parfaire mes connaissances?

______ 14. Mes pensées sont-elles claires?

______ 15. Est-ce que je maîtrise mes émotions en toutes circonstances?

______ 16. Mes vrais amis sont-ils en quantité suffisante?

______ 17. Suis-je un véritable ami pour les autres?

_____ 18. Est-ce que je me laisse influencer négativement par les autres?

_____ 19. Est-ce que j'influence positivement le plus de personnes possibles?

_____ 20. Suis-je inébranlable devant la critique?

_____ 21. Est-ce que je critique les autres?

_____ 22. Ai-je de la facilité à m'adapter à toutes situations?

_____ 23. Suis-je sensible à la beauté de tout ce qui m'entoure?

_____ 24. Mes réactions devant l'adversité sont-elles bonnes, «agressives»?

_____ 25. Suis-je un bon vivant (faculté de rire)?

_____ 26. Suis-je discipliné dans tout ce que je fais?

_____ 27. Ai-je une méthode qui me permet de visualiser mes désirs?

_____ 28. Mes rêves sont-ils établis de façon à ce que je sache pour quelle raison je dois fournir des efforts?

_____ 29. Mes buts sont-ils précis?

_____ 30. Mes priorités sont-elles établies?

_____ 31. Quel est mon niveau de sécurité?

_____ 32. Quel est mon niveau d'attitude?

_____ 33. Quel est mon niveau de courage?

______ 34. Quel est mon niveau de détermination?

______ 35. Quel est mon niveau d'enthousiasme?

______ 36. Quel est mon niveau d'application?

______ 37. Quel est mon niveau de sincérité?

______ 38. Quel est mon niveau de croissance?

______ 39. Quel est mon niveau de justice?

______ 40. Quel est mon niveau de fidélité?

______ 41. Quel est mon niveau d'intégrité?

______ 42. Quel est mon niveau d'espérance?

______ 43. Quel est mon niveau de curiosité?

______ 44. Quel est mon niveau de générosité?

______ 45. Quel est mon niveau de bienveillance?

______ 46. Quel est mon niveau de simplicité?

______ 47. Quel est mon niveau de loyauté?

______ 48. Quel est mon niveau de santé?

______ 49. Quel est mon niveau de bonheur?

______ 50. Quel est mon niveau de sagesse?

______ TOTAL

La véritable valeur d'un tel programme consiste à s'évaluer soi-même afin de mieux se connaître.

Le principe de travail n'est pas de s'appitoyer sur ses points faibles, mais bien d'en prendre conscience.

La meilleure façon de réussir dans un tel programme est de vous concentrer sur l'amélioration de vos forces. Vos faiblesses s'amélioreront d'elles-mêmespar un phénomène d'entraînement. C'est ce qu'on appelle mettre l'accent sur le positif.

C'est un principe qui aura des effets surprenants si vous l'utilisez dans vos relations avec les gens qui vous entourent. «Traitez les gens comme vous voudriez qu'ils soient et ils le deviendront.»

N.B.: L'efficacité d'un programme d'amélioration personnelle est proportionnelle au degré d'attention porté à chaque élément sur lequel vous devez travailler.

Comme il est préconisé dans ce livre, commencez par trouver pourquoi vous voulez suivre ce programme et suivez le processus des cinq clés.

Recommencez le questionnaire au bout de trois mois afin de constater l'amélioration.

BON SUCCÈS!

INDEX

Action 53
Adaptation 30
Amitié 31
Ardeur 54
Attitude 26
But 47
Choix 42
Compétition 56
Connaissance 28
Critique 33
Croissance 30
Curiosité 28
Défi 44
Discipline 41
Échec 21
Enthousiasme 55
Habitudes 40
Influence 31
Leadership 37
Liberté 61
Matérialisme 19
Maturité 60
Motivation 34
Peur 32
Plan 50
Priorités 51
Problèmes 43
Promoteur 36
Récompense 18
Rêve 16
Sagesse 60
Simplicité 59
Succès 20
Temps 62
Vie 63
Visualisation 44

Références

Voici la liste des livres* qui m'ont le plus aidé pour la rédaction d'*En route vers le succès:*

Comment réussir sa vie, Alfred A. Montapert

Comment se fixer des buts et les atteindre, Jack E. Addington

La magie de s'auto-diriger, David J. Schwartz

La magie de voir grand, David J. Schwartz

Ne laissez personne détruire vos rêves, D. Yager et D. Wead

Passeport vers la bonne vie, R. Setzer et D. Wead

Passez à l'action, Charles P. Conn

---

* Tous parus aux éditions Un monde différent ltée.

PASSEZ À L'ACTION

Quelles caractéristiques tous les grands réalisateurs se partagent-ils? Est-ce que Dieu est intéressé par votre vie dans les affaires? Que pouvez-vous faire pour arriver là où vous voulez dans la vie? Qu'est-ce que les Saintes Écritures disent vraiment sur l'argent?

Dans PASSEZ À L'ACTION, vous trouverez un avis spécifique sur les techniques qui vous aideront à réussir... les attitudes que tous les gagnants ont en commun... comment accepter les réalités négatives de la vie... et comment maintenir une perspective chrétienne dans tous les domaines de votre vie. Quels que soient votre âge et votre position dans la vie, PASSEZ À L'ACTION vous stimulera à produire le meilleur que vous pourrez pour l'amour et la glorification de votre Père et à trouver agréable tout ce dont il veut vous gratifier.

7.50$

En vente chez votre libraire

Les éditions Un monde différent ltée
3400 Boul. Losch, Local 8
St-Hubert, Québec, Canada
J3Y 5T6

Achevé d'imprimer au Canada
sur les presses de
l'Imprimerie Gagné Ltée
Louiseville